AVES

DEPREDADORES

Lynn M. Stone
Versión en español de Argentina Palacios

The Rourke Corporation, Inc.
Vero Beach, Florida 32964

CRÉDITOS DE FOTOGRAFÍAS
Todas las fotos © Lynn M. Stone

Library of Congress Cataloging-in-Publication Data
Stone, Lynn M.
   [Birds. Spanish]
Aves / Lynn M. Stone; versión en español de Argentina Palacios.
      p. cm. — (Depredadores)
   Incluye índice.
Resumen: Presenta las características físicas y el comportamiento
de gavilanes, águilas, búhos y otras clases de aves rapaces.
   ISBN 0-86593-317-0
1. Aves de presa—Norteamérica—Literatura juvenil. [1. Aves
rapaces. 2. Animales depredadores. 3. Materiales en español.]
I. Título. II. Serie: Stone, Lynn M. Depredadores. Español.
QL696.F3S7518   1993
598'.91—dc20   93-4050
                                                      CIP
                                                       AC

ÍNDICE DE MATERIAS

LAS AVES COMO DEPREDADORES

Unas de las aves de mayor tamaño y hermosura que se encuentran en Norteamérica son asesinas. Aún el ave nacional de Estados Unidos, el águila calva, es una experta asesina.

Sin embargo, el águila tiene un buen motivo para matar. Como todos los **depredadores,** o animales cazadores, mata a otros animales—su **presa**—para sobrevivir. Los depredadores se mantienen comiendo la carne de su presa.

Las aves depredadoras se encuentran en muchos lugares distintos. Casi todo tipo de área natural puede ser vivienda, o **hábitat**, para una u otra clase de depredador emplumado.

El águila calva, ave nacional de Estados Unidos, es experta depredadora

LAS ARMAS DE LAS AVES

Las aves cazadoras emplean las patas, el pico o ambos para capturar y matar la presa.

Los gavilanes, las águilas y los búhos o lechuzas son cazadores diestros conocidos como **aves rapaces** o **de rapiña.** Tienen uñas afiladas, llamadas **garras,** para matar la presa y pico curvo para despedazar la carne. En Estados Unidos y Canadá hay unas 50 especies, o clases, de gavilanes, águilas y búhos o lechuzas.

Las otras aves cazadoras de Norteamérica no tienen garras, pero emplean el pico como arma. Las **garzas** atraviesan su presa con el pico, los **cormoranes (corvejones, cuervos marinos)** la agarran y los pelícanos la atrapan.

Las aves rapaces o de rapiña matan con garras afiladas y despedazan con el agudo pico curvo

CÓMO CAZAN LAS AVES

Las aves de Norteamérica tienen una gran ventaja sobre otros depredadores por la capacidad de volar. Si en un área no hay buena caza, vuelan a otra mejor.

Para las aves rapaces, el vuelo es también una manera de atacar presa con gran rapidez en el aire, en el suelo o en el agua.

Las garzas acechan, es decir, caminan cuidadosamente hacia su presa, y luego la atraviesan con el largo pico agudo. Al caminar, las espigadas grullas sacan arañas, pececitos, ranas y culebras.

Los cormoranes (corvejones, cuervos de agua) persiguen peces bajo el agua y los agarran con el pico.

Un pichón de grulla en un prado húmedo se come una culebrita

LAS AVES RAPACES O DE RAPIÑA

Las aves depredadoras más conocidas son las aves rapaces o de rapiña—los gavilanes, las águilas y los búhos o lechuzas (múcaros, tecolotes). Por lo general, son aves de gran tamaño y a menudo interceptan animales casi de su propio tamaño.

Las aves rapaces arremeten o bajan en picada desde el aire para atacar. Sus vuelos hacia abajo son extraordinariamente rápidos y sus fuertes garras ganchudas son mortíferas.

Las aves rapaces comen otras aves, culebras, peces, ratas almizcleras, conejos, ratones y casi que cualquier otro animal que puedan sorprender y vencer.

El vuelo del águila calva, guiado por una excelente vista, es extraordinariamente rápido

*Un cormorán (corvejón, cuervo marino) se seca
las plumas tras una caza submarina*

Unas cucharetas atrapan animalitos con el sensitivo pico en forma de cuchara

GAVILANES Y ÁGUILAS

Los gavilanes y las águilas son las aves rapaces diurnas. Tienen la vista sumamente buena y pueden localizar presa a gran distancia.

La mayoría de los gavilanes y las águilas atacan en la tierra. Pero el águila calva y el halieto (aleto, guincho) o águila marina, son pescadores fantásticos. Emplean las garras para enganchar peces que van nadando muy cerca de la superficie del agua.

Ciertos tipos de gavilanes que tienen alas puntiagudas, los halcones (falcones) son muy hábiles en el uso de las garras para atacar y matar a otras aves ¡en el aire!

Un halieto (aleto, guincho)
o águila marina trae una platija
para comérsela en su sitio favorito

BÚHOS O LECHUZAS

Muchos animales que se escaparon de los gavilanes durante el día se convierten en presa de búhos o lechuzas (tecolotes, múcaros) por la noche.

Los búhos son silenciosos cazadores **nocturnos,** es decir, cazan de noche. Plumas especiales acallan el sonido del aleteo normal de las plumas en vuelo, así que pueden atacar su presa de modo totalmente sorpresivo.

Los búhos no pueden ver en completa oscuridad, pero tienen la mejor vista para ver con muy poca claridad. También tienen un oído magnífico. Pueden oír el menor chirrido o la pisada de un ratón sobre las hojas a 75 pies de distancia.

Una lechuza chillona se prepara para comer un bocadillo a medianoche

PESCADORES EMPLUMADOS

Los pescadores emplumados se llenan el buche por medio de una gran variedad de estilos de caza. El más espectacular es el clavado de cabeza del pelícano pardo en el océano. Su bolsa, conectada a la garganta y al pico, atrapa los peces como si fuera un tazón.

La **anhinga,** o marbella, de largo cuello, nada bajo el agua y atraviesa peces con el pico. La **espátula** atrapa peces y otros animalitos y se los echa ruidosamente al sensitivo pico en forma del utensilio que le da nombre.

La cigüeña maderera arrastra la parte inferior del pico por la llana agua fangosa. Cuando se tropieza con un pececito, cierra y aprieta el pico rápidamente.

Un pelícano pardo, con ojos en el blanco, es decir, un pez, baja al mar en picada

LAS AVES Y SUS ENEMIGOS

No hace tantos años, mataban a tiros a las aves de rapiña, casi siempre porque hacían buenos blancos.

Miles de aves rapaces murieron también por comer animales que contenían en el cuerpo un veneno llamado DDT. Grandes cantidades de DDT se utilizaban para matar insectos.

Varias clases de aves pescadoras—especialmente las garzas y los **airones** o **garzas blancas**—casi desaparecen por completo hace 100 años. Sus largas y delicadas plumas eran muy codiciadas para adornar sombreros femeninos.

La destrucción de buenos hábitats para la vida silvestre también ha reducido el número de aves.

A los airones o garzas blancas
y otras aves zancudas una vez
los mataban por sus delicadas plumas

CÓMO SALVAR LAS AVES DEPREDADORAS

A los seres humanos les gustan las aves. Hoy en día, la gente se preocupa por las aves más que antes.

En Norteamérica, las aves rapaces se encuentran bajo la protección de estrictas leyes, lo mismo que las aves pescadoras. Ojalá que los sombreros con plumas nunca más vuelvan a estar de moda.

Las aves mismas están protegidas. Hoy en día es igualmente importante proteger su fuente de alimentación y su morada. De nada sirve proteger a un águila si no tiene peces que comer ni árboles donde anidar.

Glosario

airón (garza blanca) — ave zancuda de pico agudo y, en la mayoría de las especies, plumas blancas

anhinga — ave negruzca de gran tamaño que hace clavados y tiene el pico agudo y las patas palmeadas

aves rapaces, de rapiña — aves que tienen garras y pico curvo los cuales utilizan para comerse a otros animales

cormorán (corvejón, cuervo marino) — ave de gran tamaño que hace clavados y tiene el pico levemente curvo y las patas palmeadas

depredador — un animal que mata a otro para que le sirva de alimento

espátula — ave zancuda con pico en forma como el utensilio que le da nombre; si tiene las plumas rosadas también se le llama cuchareta

especie — entre animales relacionados muy cercanamente, como las águilas, una clase o tipo especial (águila *calva*)

garras — uñas largas o garfios curvos en las patas de las aves rapaces

hábitat — lugar donde vive, o habita, un animal, como un bosque

nocturno — más activo durante la noche que durante el día

presa — animal que caza otro animal u otros animales para comer

ÍNDICE